AF281817

Winterduft

Gedanken wie Schiffe im Hafen

Gedichte einer jungen Seele

Herausgegeben von Jörn Stoffers

*Für meine Familie und meine Freunde,
die mich nie alleine lassen*

*In tiefster Dankbarkeit für alles, was ihr mir gebt, und dass
ihr da seid und mich nicht aufgebt. Danke für das Zuhören,
die lieben Worte und das Mutmachen. Es sind oft die kleinen
Dinge, die das Leben erst lebenswert machen, und ihr
macht das Leben für mich zu etwas ganz Besonderem.*

wünsche

ich wünsch mir eines kindes lachen
trotz böser träume, schlimmer sachen
ich wünsch mir frieden für die welt
und einen der uns zärtlich hält
auch wünsch ich regen für die pflanzen
dass menschen unterm regenbogen tanzen
nachts wünsch ich mir nen hellen stern
der uns leuchtet dort oben von fern
ich wünsch mir niemand muss hunger leiden
dass sich armut lässt endlich vermeiden
ich wünsch mir eine seifenblase die glänzt
liebe die nicht nur an nachbars garten grenzt
dann wünsch ich solidarität mit schwachen
und niemand soll frierend morgens erwachen
ich wünsch mir einen der versteht
dass es so nicht mehr weiter geht

An das unbekannte Mädchen

So tief berührt hat mich dein Lächeln
du hast mein Herz so froh gemacht;
denn obwohl wir uns nicht kennen
hast du mich freundlich angelacht.

Diesen Augenblick vergess ich nie
auch nicht das Strahlen deiner Augen;
dieses unglaublich warme Gefühl
das kannst du mir sicher glauben.

Ich kenne nicht mal deinen Namen
ich weiß doch gar nichts von dir -
doch du hast mir so viel gegeben
drum schreib ich dir diese Zeilen hier.

Du, mein unbekanntes Mädchen
ich würde dich gern wieder sehen;
in deinem Lächeln dann versinken
und mit dir neue Wege gehen.

Ich wäre gerne...

Ich wäre gerne der Wind,
der dir im Sommer zärtlich die Haare zerzaust.

Ich wäre gerne der Mantel,
der dich vor bitterer Kälte schützt.

Ich wäre gerne das Staubkörnchen,
das ganz sanft deine Nase kitzelt.

Ich wäre gerne der Regen,
der dir zeigt, dass du mit deiner Trauer nicht alleine
bist.

Ich wäre gerne der Stock,
der dich stützt wenn dir das Laufen alleine zu schwer
fällt.

Ich wäre gerne die Blume,
die dich nach einem trüben, dunklen Winter zum
Lächeln bringt.

Gedanken an dich

Es ist 10 nach 12!
Meine Gedanken sind bei dir.
Schön, wenn du jetzt hier wärst.

Du schaffst es immer wieder mich glücklich zu
machen!

Mich jetzt ganz in dich einkuscheln!
Neben dir liegen!
Deine Wärme spüren!

Dein Herz bummern hören!
Schön wär das jetzt!

Glücklich

Der Himmel liegt seit heute Nacht
viel näher doch bei mir;
das ist es, was mich glücklich macht
und dafür dank ich dir.

Die Sterne flüstern deinen Namen
der Mond lächelt mir zu;
das Schicksal hat mit mir Erbarmen
alles was ich brauch bist du.

Still kann ich heute nicht mehr bleiben
denn mein Herz singt fröhlich Lieder,
die will ich dir alle schreiben
einfach immer und immer wieder.

Was soll ich da noch lange fragen?
nun dies ist meines Lebens Sinn
sonst weiß ich nichts zu sagen
nur dass ich so glücklich bin.

Bitte verzeih

Tief in meinem dunklen Innern
ist ein kleines Licht zu sehn,
das soll mich stets an dich erinnern
nur so kann ich nicht untergehn.

Du bist das Funkeln meiner Augen,
das Licht, das mich berührt;
und eines kannst du sicher glauben
Ich bin da wo der Weg nur zu dir führt.

Ich halt dich fest in meinem Herzen
dort wo die Sonne für dich scheint;
und wenn meine Worte manchmal schmerzen
bitte glaube mir: es ist nicht so gemeint.

Und jede einzelne deiner Tränen
die weine ich mit dir,
ich kann mich nur für meine Worte schämen -
und dich bitten glaube mir:

Ich stehe hier mit leerer Hand
was soll ich sagen denn noch mehr -
ich schreib die Worte an die Wand
ich lieb dich doch so sehr.

Mit dir zu zweit

Heute und hier
in sternklarer Nacht
hab ich wieder mal
nur an dich gedacht
denn dir allein
gehört mein Herz
der Gedanke an dich
nimmt mir allen Schmerz
du bist das Licht
das mich im Dunkeln führt
und meine Rettung
wenn mein Innerstes erfriert
durch dich beginne ich
mein Leben neu
es ist deine Liebe
an der ich mich erfreu
du nimmst mir einfach
alle Traurigkeit
es ist so schön
endlich mit dir zu zweit
In dir habe ich nun
mein Glück gefunden
einzig an dich
hat sich mein Herz gebunden
diese Zeit
wird wohl die schönste sein
denn fortan
gehör ich nur noch dir allein

Mein Engel

Ach du, ich kann nicht sagen
wie es mir im Herzen ist
wo ich kann die Liebe tragen
einfach weil du bei mir bist
wo mich die Hoffnung schon verlässt
wo ich längst im Dunkeln stehe
da bist du da, hältst mich ganz fest
so dass ich das Licht dann sehe
du bist für mich das Glück der Welt
mein Stern in dunkler Nacht
der Engel, der mich am Leben hält
und mich so unbeschreiblich glücklich macht

Unser Nest

Es ist 2:30 Uhr
ich denke an dich
schön wenn du jetzt hier wärst
bei dir finde ich Zuflucht und Geborgenheit
aber vor allem Vertrauen
nach dir habe ich Sehnsucht
auch wenn du nur ein paar Sekunden weg bist
ich möchte dich nie verlieren
meine Zukunft möchte ich mit dir verbringen
manchmal auch einfach nur kuscheln
und deinen Worten lauschen
wenn du bei mir bist
und keiner wäre da, der uns stört ...
schön wär das jetzt
stell dir einmal vor
wir beide wären ganz allein
würden aneinander gekuschelt im Bett liegen
und ich würde dir zuflüstern wie sehr ich dich liebe
was würdest du wohl tun?
Wo wären deine Gedanken?
Liebe heißt gegenseitige Nestwärme
wir haben ein Nest
unsere Liebe ist gegenseitige Zuflucht
Liebe heißt miteinander fühlen
unsere Liebe ist unser Nest
Nest der Geborgenheit, Wärme, Zärtlichkeit
Weinen, Lachen,Übermut, Trauer
viel hat unser Nest schon gespeichert
aufgesogen wie ein Schwamm
das macht das Nest zum Nest.

jedes ich sucht ein du

ich sehe deine tiefen blicke
und bin vergnügt und froh
du gingest nur mit sanftem schritte
doch wohl nicht fort nach irgendwo
nun, warten würd ich ganz gewiss
wenn du denn gingest fort von mir
würd kunde tun wie sehr ich dich vermiss
doch hoff ich einfach du bleibst hier
ich nehm das alles mit aller geduld
die ich zu erbringen vermag
niemals gäb ich dir allein die schuld
wenn ich dann dieses leiden trag
jeder geht geht nun auf sein schicksal zu
so spielt es halt, das leben
leben ist wandlung, jedes ich sucht ein du
mein ich würd ich dir gerne geben

zum abschied

ich pflückte dir eine blume
die stand allein am wegesrand
und sie war so wunderschön
ich legte sie in deine hand
ich wollte dich gern lächeln sehen
du gabst mir einen kuss
dann wurde mir das herz so schwer
ich wusste dass ich dich gehen lassen muss
langsam drehtest du dich um
es lässt mir keine ruh
nun gingst du wirklich fort von mir
und ich sah traurig dir beim gehen zu

Schiffe im Hafen

Es ist schon Nacht
ich kann nicht schlafen
denk an die Schiffe
im stillen Hafen
lieblich umspielt vom Wasser
umhüllt von Farben, so schön
im glänzenden Mondenschein
ich kann es fast schon sehn
geschaukelt von zarten Wellen
sorglos stehend im Hafen
in einer so friedlichen Nacht
nur ich, ich kann nicht schlafen

Natur

Wie hoch die Bäume ragen
das ist so wunderschön;
und wenn sie Früchte tragen,
kann man mich lächeln sehn.

Die große bunte Vielfalt
und die Schönheit der Natur -
so manchen lässt es einfach kalt
da frag ich mich: wie geht das nur?

Wenn Blätter mit dem Winde tanzen
und man Vögel singen hört
und es blühen alle Pflanzen,
da ist man völlig ungestört.

So entfliehe ich dem Alltag
und brauche sonst nichts mehr
als diesen Ort, den ich so mag.
Hier komm ich immer wieder her.

Für den Frieden

Ich ziehe durch die Straßen,
Straßen voller Leid.
Elend in den Gassen,
Menschen voller Neid.

Ich suche nach dem Leben
doch finden kann ich's nicht;
dabei habt ihr doch mehr zu geben
als das Dunkel ohne Licht!

Was hat euch all den Mut genommen?
Den Mut zur Solidarität?
Warum sind eure Augen so verschwommen?
Meint ihr nicht, dass es auch anders geht?

Den Menschen fehlt nichts mehr als Menschlichkeit
da ist wohl etwas Wahres dran;
doch wir ziehn nicht los in Einigkeit
wenn niemand tut für andere, was er kann.

So rüst ich mich mit neuen Waffen
kommt kämpft mit mir, Hand in Hand;
um eine neue Welt zu schaffen
für Frieden hier in diesem Land.

Gefangenschaft

Ich bin nicht tot
und doch liege ich in einem Grab
gefangen in mir selbst
und niemand da
der mich befreit
schon längst habt ihr mich vergessen
obwohl ihr selbst diejenigen wart
die mich in den Wahnsinn getrieben haben
eingesperrt im Kerker der Depression
der Angst
und des Hasses
bis das Leben mich eines Tages
ganz verlässt
ihr könnt eure Hände nicht in Unschuld waschen

Ode an die Natur

Der Himmel legt sich über Wäldern
und über Tälern nieder;
Blumen blühen auf den Feldern
der Wind singt dazu seine Lieder

Ich gehe spaziern im Sonnenuntergang
das Wasser plätschert leise,
ich seh mir diese Schönheit an -
die Vögel ziehen ihre Kreise

Die Natur, so wunderbar und unberührt
all die wunderschönen Farben
das hat mein Herze angerührt
mehr brauch ich nicht zu sagen

Für einen fortgegangenen Freund

Und die Trauer
gräbt mir ein tiefes Grab
ich falle immer tiefer
in die Dunkelheit hinab.

Aus dieser Welt bist du gegangen
was bleibt ist tiefer Schmerz.
Ja du fühltest dich gefangen
nun zerreißt daran mein Herz.

Ach wärst du noch geblieben
eine Weile hier bei mir
wärest du nicht fortgegangen -
Freund du fehlst uns hier!

Totenstille

Wohin aber gehen wir
wenn es dunkel und kalt wird?
Aber was sollen wir tun und denken
angesichts eines Endes?
Und wohin tragen wir
unsere Fragen und Schauer
all der Jahre?
Was wohl dann geschieht
wenn Totenstille eintritt?

Für einen wunderbaren Menschen

Für Net Sparrow

Ich möchte dir gern sagen
wie wichtig du mir bist
dass jede Sekunde mit dir
mir einfach furchtbar wichtig ist.
Und ich bin mir sicher
du lässt mich nicht allein
du stehst wirklich hinter mir
so soll es immer sein.
Einen Menschen wie dich
trifft man nicht alle Tage
der auch noch da ist
im wüstesten Gelage;
so wie ein Engel
in tiefster, dunkler Nacht;
wie der aufbauende Gedanke
der einen fröhlich macht.
Du bist einfach da
und dafür danke ich dir
ich habe dich ins Herz geschlossen
weißt du, glaube mir.

Danke

Für Miriam

Ich möchte dir gern „Danke" sagen.

Ein „Danke", das ich so oft nicht gesagt habe,
wenn es angebracht war.

„Danke" dass du mit mir lachst und nicht über mich.
„Danke" dass du mich aufgefangen hast
wo andere mich schon längst aufgegeben haben.
„Danke" dass du immer so fest an mich geglaubt hast
wo ich selbst schon den Glauben verlor.
Auch „Danke" dafür, dass du mir zugehört hast
wo andere Ohren mir verschlossen blieben.

Aber ganz besonders „Danke" dafür
dass du mir dein Lächeln schenkst, wenn ich es
brauche.

„Danke" dass du meine Freundin bist.

Gotteskind

Für Linus

Ich tanze heute im Regen
weil ich so glücklich bin.
Ich habe Gottes Segen
so macht das Leben Sinn.

Ich hör die Engel singen
die heute so fröhlich sind;
sie fliegen mit goldenen Schwingen,
es wurde geboren ein Gotteskind.

Ich stimme mit ein
in den schönen Engelsgesang;
so sollte jeder Tag doch sein
dann wär uns allen nicht mehr bang.

Dass Vater und Mutter dich lieben,
da sei gewiss, du himmlisches Kind;
und wie die Engel kannst du fliegen
im Herzen so frei wie der Wind.

Ohne dich

traurig warte ich hier auf dich
doch du hast keine zeit für mich
ich weiss nicht was soll ich machen
es ist zum heulen nicht zum lachen
und fast bricht es mir das herz
kannst du ihn fühlen meinen schmerz?
kannst du ihn sehen in meinem gesicht?
oder interessiert es dich gerade nicht?
die welt verstummt im augenblick
und ich wünsche uns ganz weit zurück
denn dort wo unser anfang war
sahst du all das was ich auch sah
nur heute abend bleibst du stumm
wo ich mein trauriges liedchen summ
und ich vermisse dich doch so sehr
nur heute nacht da kann ich nicht mehr
und ich frage mich nur wo bist du?
wolltest du vor mir deine ruh?
heute nacht hörst du mich nicht schrein
und ich fühl mich einsam und allein
denn all die tränen in meinem gesicht
die siehst du heute sicher nicht
siehst nicht meine bittre not
nun schlage ich die zeit mir tot
und doch bitt ich komm zurück
geh mit mir ein kleines stück
denn ohne dich zerbricht die welt
die schon zu sehr in stücke fällt

Kleines Mädchen

Im Zug saß sie vor mir
dieses wunderliche kleine Mädchen
sie war alleine
dabei war sie vielleicht
gerade mal 6 oder 7 Jahre alt
aus ihren großen Augen
blinzelte sie mich die ganze Zeit an
sie sah interessiert aus
als sie an mir herabsah
und meine Kleidung musterte
aber trotz des interessierten Blickes
lag auch etwas Trauriges in ihren Augen
ich kannte dieses Mädchen nicht
und doch mochte ich sie
sie war klein und zierlich
und es schien fast so
als würde sie
bei der kleinsten Berührung zerbrechen
ihre Augen schauten immer trauriger
und einige Leute im Zug
sahen sie mitleidig an
aber ich empfand ihr gegenüber
kein Mitleid sondern eher Respekt
keiner von uns sagte ein Wort
wir tauschten nur Blicke
und doch war es
als würden wir uns verstehen
die Kleine erschien mir
wie ein Engel
wie ein Wunder
ich denke oft an sie

engel in meinem leben

Es gibt menschen
die nehmen mich so wie ich bin
die machen mir mut
und kümmern sich um mich
es gibt menschen
die sind wie engel
es müssen nicht menschen mit flügeln sein
sie stellen sich in den weg
sie sagen „nein"
denn sie meinen es gut mit mir
sie wiegen mich in den schlaf
denn sie kennen meine angst
sie geben alles was sie können
nur um mich zu stützen
um mir halt zu geben
sie reichen mir die hand
es müssen nicht menschen mit flügeln sein
es sind engel
mit unsichtbaren flügeln

Für Elayne

Sie wanderte im finstren Wald
und doch wards hell um sie
denn es schien die Sonne bald
so warm in ihrer Phantasie.

Eine Elfe war sie klein und zart
doch stärker als so mancher Riese
weil ihr die Liebe zuteil doch ward
sie wurd umweht von sanfter Brise.

Und sie tanzte herrlich mit dem Wind
spielte lachend seine Melodie
so frei und ehrlich wie ein kleines Kind
vergessen konnte man sie nie.

Die kleine Elfe so lieblich wunderschön
mit einem Herzen so rein wie Gold
sah ich sie doch vor mir stehn
dass ich nichts anderes sehen wollt.

Wann ist Frieden?

Ein Mann mit einem Schießgewehr
kniet nieder dort im Graben
und seine Augen bleiben leer -
ich kann es nicht ertragen.
Schüsse ertönen von überall her,
Menschen rennen um ihr Leben,
sie haben wahnsinnige Angst
stell dir vor du kannst dich nicht erheben
so dass du um dein Leben bangst
unter all den Schüssen die dort fallen
weil Krieg ist, in der ganzen Welt.
Und wenn die Schreie lauter hallen
weißt du, dass alles in sich zusammenfällt -
dann muss der Aufschrei schallen:
Wann ist Frieden, endlich Frieden?
Ich frage dich, mein Kamerad:
Kann man mit Blutvergießen siegen?
Ich will, dass dies ein Ende hat,
drum bitt ich Engel auf die Erde nieder.
Ihr Menschen, kommt doch zur Vernunft!
Krieg? Nein danke, niemals wieder;
gebt doch der Liebe Unterkunft!

verraten und verkauft

ein mädchen lag am straßenrand
verwundbar, zart und klein
doch niemand reichte ihr die hand
sie sollte niemals glücklich sein
und sie verkaufte ihren körper
an männer, viel älter als sie
dafür finden sich keine wörter
doch ihre seele kriegen sie nie
zerstört war sie für alle zeit
man hat ihr mehr als wehgetan
dem kind das nur nach liebe schreit
niemand nahm sich ihrer an
ihr sagt so spielt das leben halt
da kann man wohl nichts machen
und sie war gerade mal zehn jahre alt
und hatte nichts zu lachen

Kinder

Es herrscht Krieg!
Jeden Tag, jede Nacht.
Krieg gegen Kinder!
Die jungen Opfer, so zerbrechlich und klein
sie sind zu schwach
die Türen zu versperren.

Wenn ich mein Radio einschalte
höre ich von Verbrechen an Kindern.
Schalte ich den Fernseher ein
so sehe ich die Bilder der Vermissten
und die Bilder der Opfer.
Ich bin zutiefst erschrocken
über die Blindheit und Tatenlosigkeit
unserer Gesellschaft
angesichts dieser Verbrechen!

Kinder sind die Zukunft unserer Erde.
Warum behandeln wir sie dann nicht auch so?
Kinder sind die Ware unserer Schändung.
Mit offenen Wunden liegen sie da.
Doch aus Feigheit schicken wir sie fort.
Wir schicken sie ganz weit weg
nur um uns nicht zu verraten!

Kinder sind bloß Spielzeug
für so manche Phantasie.
Ihr Leben lang verkrüppelt und geknechtet.
Wo sind die Schuldigen, wo sind sie?
Wir kennen die Täter allzu oft.
Doch wir schließen die Augen.

Aus Feigheit heraus
wollen wir sie nicht sehen.

Kinder wollen in Liebe leben
und sind doch mit Narben übersät.
Wortlos falten Kinder ihre Hände.
Sie sind zu jung
um Missbrauch zu entschärfen.
Aber wir, wir sagen keinen Ton
und die Kinder müssen
ewig damit leben!

Durch unseren Wahn erfrieren sie.
Ihr fragt nach den Tätern.
Wer fragt nach den Opfern?
Wenn wir ein Kind lachen sehen
so weinen zehn andere dafür.

Kinder suchen Halt in unserer Mitte
doch wir schieben sie von uns fort.
Wir wollen die Wahrheit nicht sehen.
Aber wir dürfen nicht wegschauen.
Nicht, wenn irgendwo auf der Welt
einem Kind Leid zugefügt wird!
Wir müssen etwas dagegen tun!
Jeder auf seine Weise.

Es muss ein Aufschrei durch die Welt gehen
und dieser Aufschrei darf nicht verhallen!
Damit endlich jeder weiß
dass sich niemand
ungesehen und ungestraft
an einem Kind vergeht!

Weil ich nicht alleine bin

Wenn ich nach einer angstdurchträumten Nacht
erwache
kommt es manchmal
dass ich lachend weine.
Denn ich spüre deine beruhigende,
deine warme und beschützende Hand.
Leicht streichelt diese Hand
durch mein Haar.
Ich fange an zu erzählen.
Es war nicht nur ein Traum.
Die Narben auf der Haut,
das Blut, die Schreie,
die Schmerzen und die Angst,
das alles ist Realität.
Nein, es war wirklich kein Traum.
Das alles
ist wahrhaftig passiert.
Während ich dir alles erzähle,
sehe ich eine Träne
die dir herunterläuft.
Du weißt was ich fühle.
Du leidest darunter, genau so sehr wie ich darunter
leide.
Aber doch bist du so stark.
In deinen Armen
lässt du mich wieder einschlafen.
Du summst eine Melodie.
Nur für mich summst du sie.
Ich kann nicht ausdrücken
wie dankbar ich dir bin.
Du lässt mich spüren,

dass unser Leben jeden Tag neu beginnen kann.
Sinnvoll und bewusst und mit Hoffnung
und einem bisschen Courage sogar.
Vor allem aber
mit einer unverlierbaren Fröhlichkeit.

Kleines Einhorn

Sieh doch mal hinauf zum Mond
wo das kleine Einhorn wohnt;
von oben schaut es still herunter
und macht dir deine Träume bunter.

Wenn du Angst hast, glaube mir
rennt das Einhorn schnell zu dir,
wenn du willst dann kannst du's sehn
und es wird immer bei dir stehn.

Dann schenkt es dir die schönsten Träume
vielleicht klettert ihr auf hohe Bäume.
Des Einhorns Licht, so hell und klar
du weißt doch, es ist immer da.

Nun kannst du schlafen, friedlich, still
weil auch das Einhorn ruhen will.

Hab keine Angst, es ist doch da
es ist bei dir, das ist ganz klar
und passt auf, auf dich allein
drum brauchst du nicht ängstlich sein.

Nun schlafe ein, du gutes Kind
reise ins Land wo die Träume sind
und nimm dir doch das Einhorn mit
es begleitet dich auf jedem Schritt.

Ich wünsche dir nun eine gute Nacht
wo das Einhorn über dich wacht.

Annas Schlaflied

Schlaf, Anna, schlaf ruhig ein
Morgen wird alles anders sein
Komm, wir lachen noch die Monster weg
verjagen sie damit aus deinem Bett;
ich leihe dir ein bisschen Mut.
Morgen, Prinzessin, wird alles wieder gut
hab keine Angst, ich bin ja da
ich pass hier auf, das ist doch klar
halt deinen Drachen nur fest im Arm
ich deck dich zu, dann hast du's warm
und ich pass auf, die ganze Nacht
dass kein Monster Unsinn macht
ich bin doch da, du, glaub daran
ich pass auf, dass dir keiner was tun kann
hey du, ich habe dich von Herzen gern
und glaube mir, der Morgen ist nicht mehr fern
dann ist es wieder hell, drum weine nicht
lach nur den Monstern ins Gesicht
ich bin doch hier, ich pass doch auf
kletter nur auf deinen Tiger drauf
er ist da, hat weiches fell
schon morgen ist's doch wieder hell
nun komm, ich deck dich nochmal zu
versuch zu schlafen, leg dich zur Ruh
ich bleibe bei dir, die ganze Nacht
hab keine Angst,ich geb auf dich Acht.
Schlaf, Anna, schlaf ruhig ein
Morgen wird alles anders sein.

Gummibär

Ein kleiner süßer gummibär
schwamm einst durchs weite meer
und als ein hai ihn wollt verschlingen
musst' er um sein leben ringen
er kämpfte gegen scharfe zähne
und bekam davon migräne
der gummibär, so saftig rot
ach niemand sah ihm an die not
und so weint er bitterlich
denn leicht hat er es sicher nicht
als ihn dann einer hat gefunden
ist er in der tüte doch verschwunden
nun wird er im supermarkt verkauft
hör mal hin ob er noch schnauft
denn früher hat er's mal getan
oder hab ich mich da wohl vertan
und die geschicht erklärt vielleicht
ein gummibär der hat's nicht leicht!

Zusammen

Langsam nimmst du meine Hand
wir blicken auf den plätschernden Fluss
doch stehen wir auf sicherem Land
zu gerne gäbe ich dir einen Kuss
doch nein, ich muss noch warten
zu schnell soll's dir nicht gehn
sonst hätt ich sicher schlechte Karten
ich bleibe ruhig neben dir stehn
in deine Augen schau ich so tief
sie sind so strahlend, so klar
dass mein Herz dann deinen Namen rief
Ja, das ist wirklich wahr
drum kann ich lachen und ich singe
weil du hier bei mir bist
auch wenn ich etwas albern klinge
ich weiß, dass dies die Liebe ist.

Zukunftstraum

Ich sehe in deine Augen
und was ich dort erkenne
ist Treue
und ich weiß, dass in deinen Armen
der Platz ist an dem ich
Zuflucht und Geborgenheit finde
Ich vertraue dir
und es ist schön zu wissen
dass es jemanden gibt
dem man vertrauen kann
und der für einen da ist
jemand nach dem man Sehnsucht hat
wenn er auch nur ein paar Minuten weg ist
dich möchte ich niemals verlieren
so sehr liebe ich dich
wie ich wohl noch nie jemanden geliebt habe
und für dich werde ich immer da sein
Tag und Nacht
mit dir möchte ich meine Zukunft verbringen
Ich würde jetzt gerne
in deinen Armen liegen
und dich küssen
mit dir schmusen, stundenlang
und deinen Worten lauschen
und niemand wäre da
der uns stört

du und ich

mein herz steht vor dir ganz allein
möchte nur in deiner nähe sein
ohne dich kommt's nicht zur ruh
und leise flüstert es dir zu:
du hast den platz in meinen armen
und laut ruf ich deinen namen
lass alles andere einfach stehen
reich mir die hand und lass uns gehen

Herstellung und Verlag:
Books on Demand GmbH, Norderstedt
ISBN: 978-3-8448-0288-7